訂
正

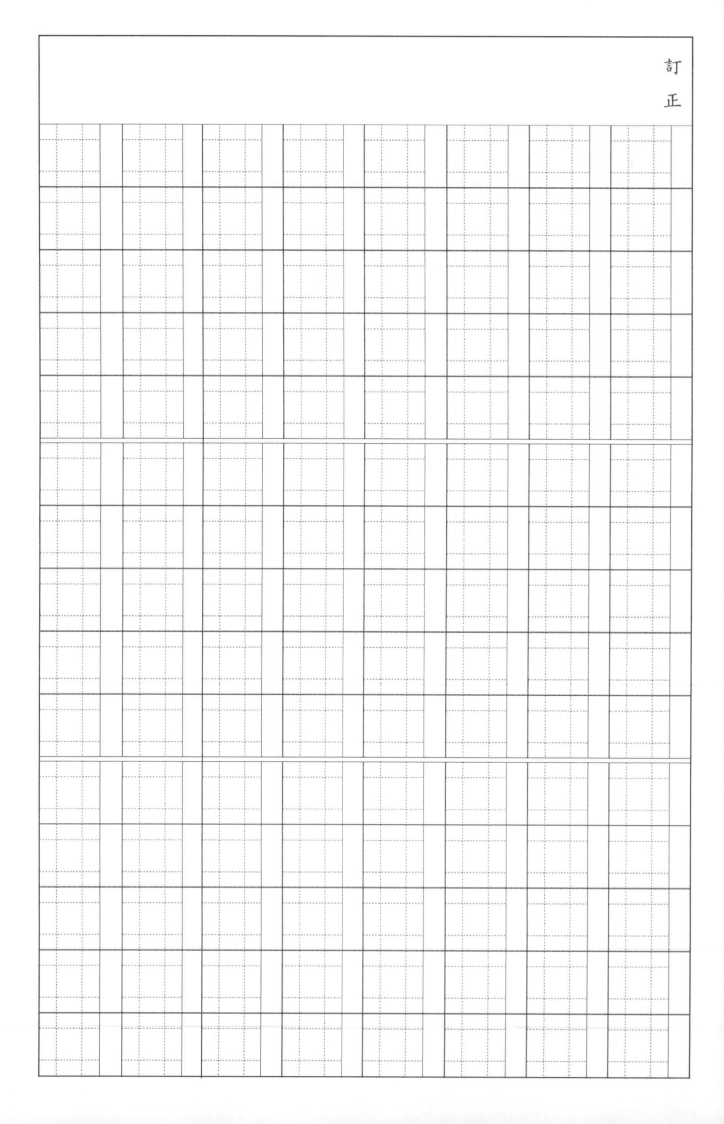

訂正

訂正

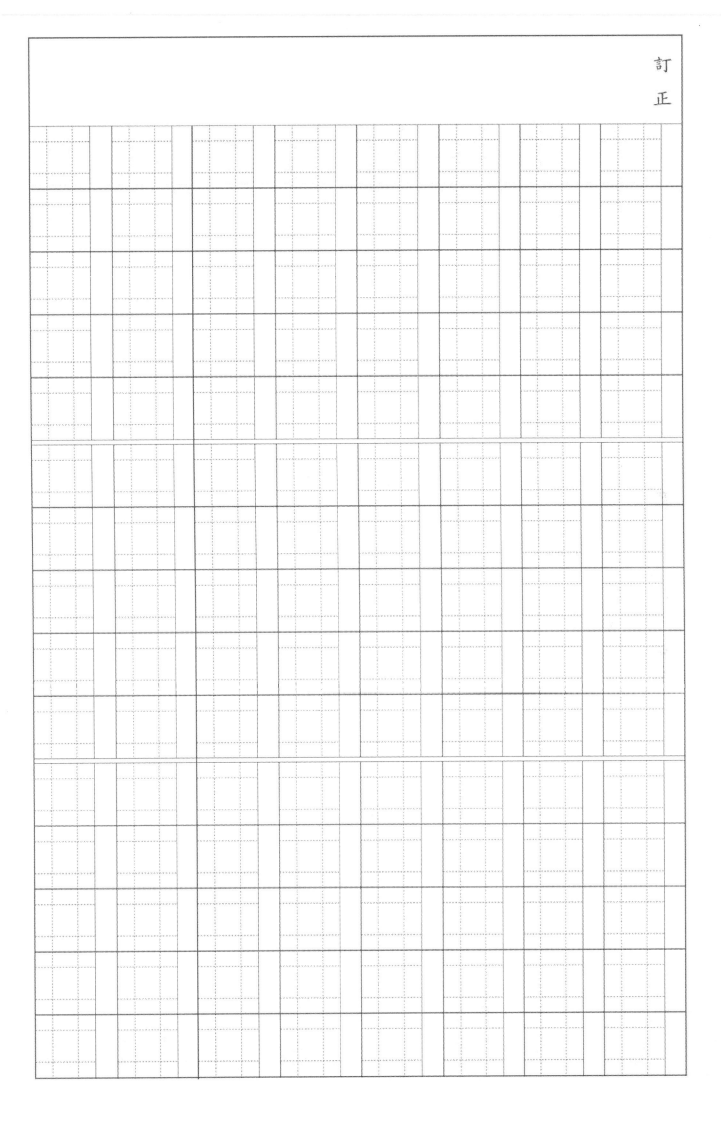
訂
正

訂

正

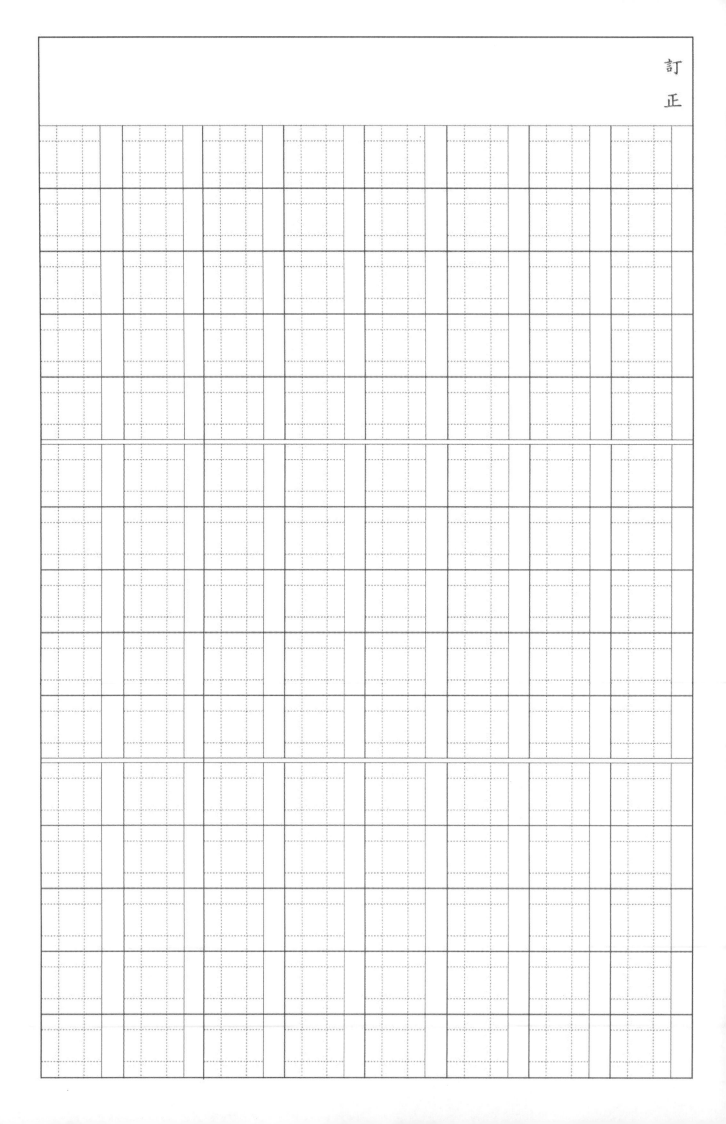

訂正

訂
正

訂正

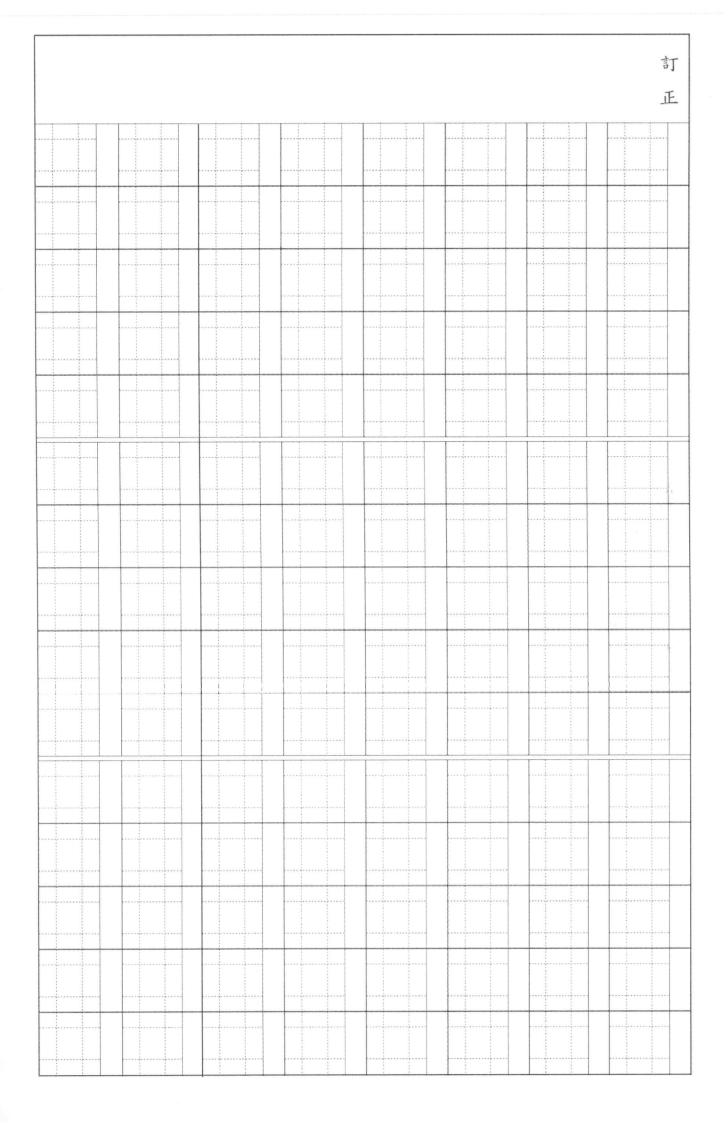

訂
正

訂
正

訂
正

訂正

訂正

訂正

訂正

訂
正

訂
正

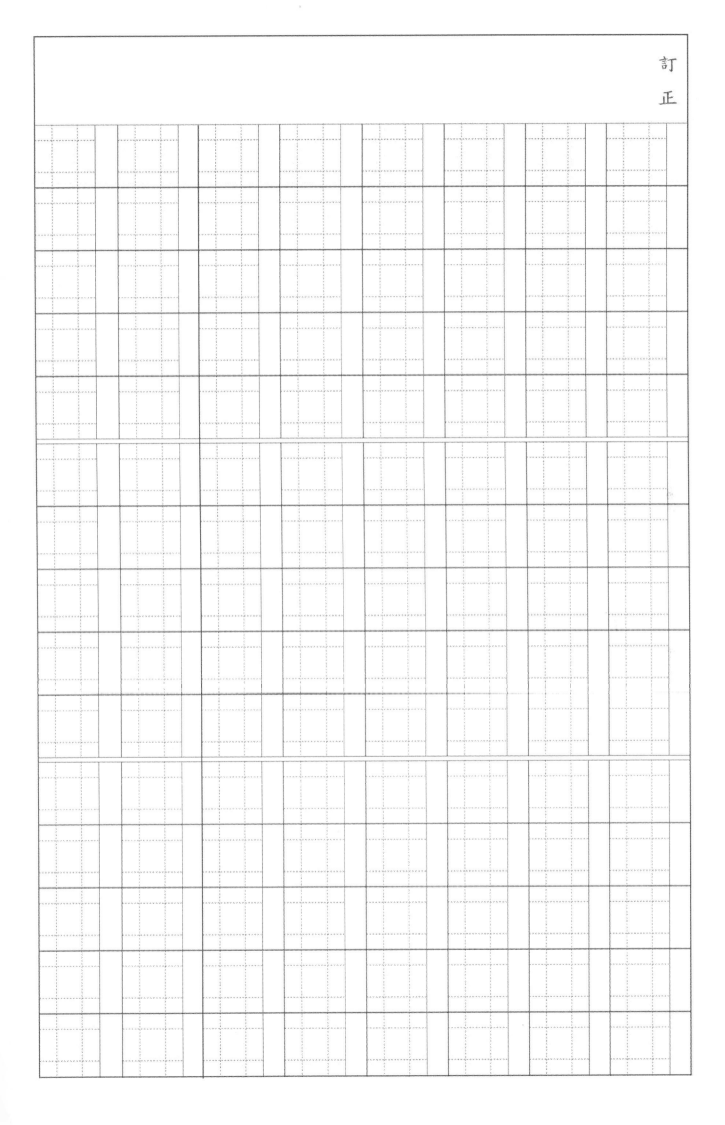

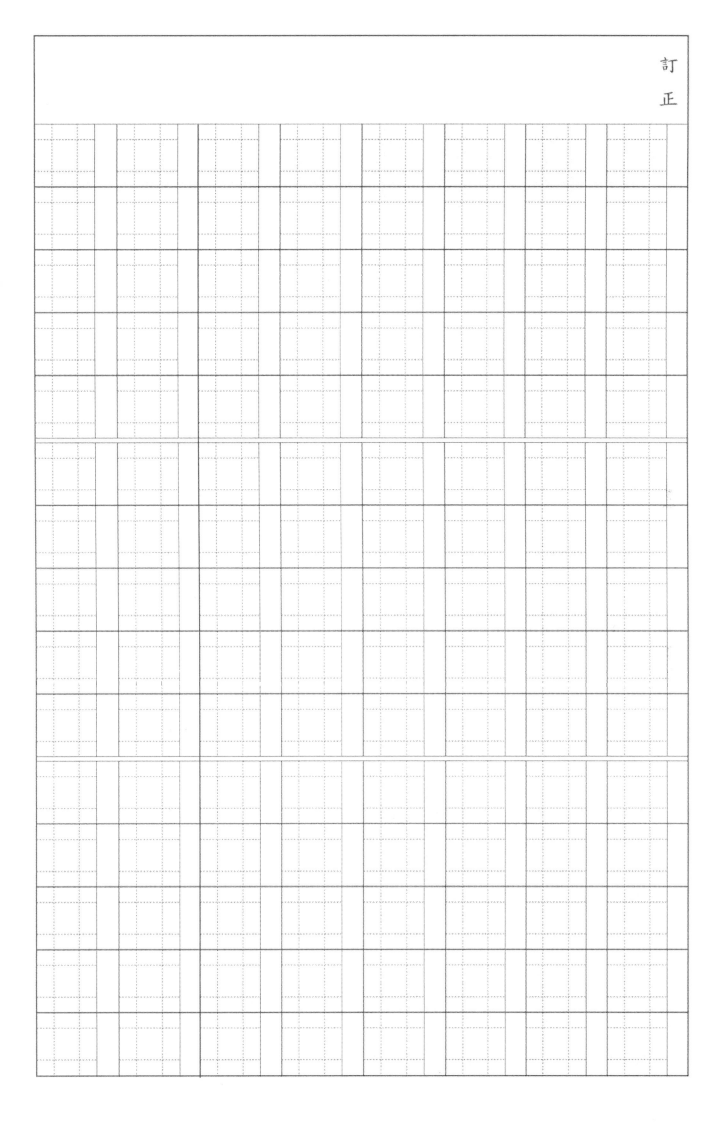

訂
正

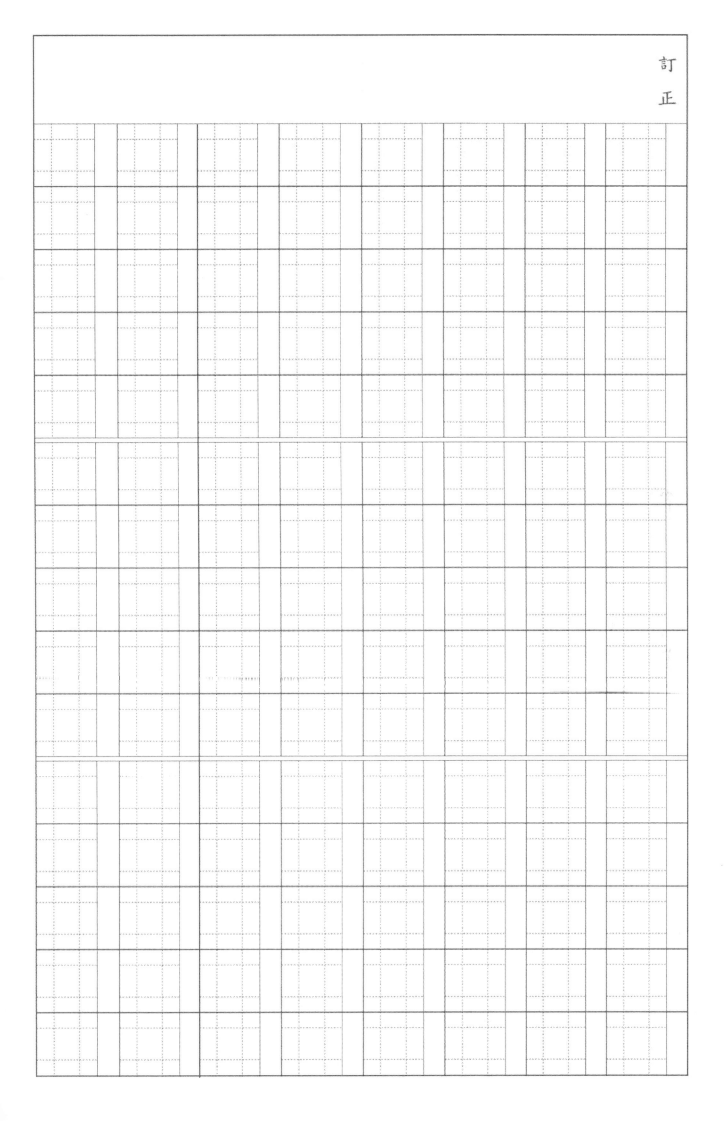

訂
正

訂
正

訂
正

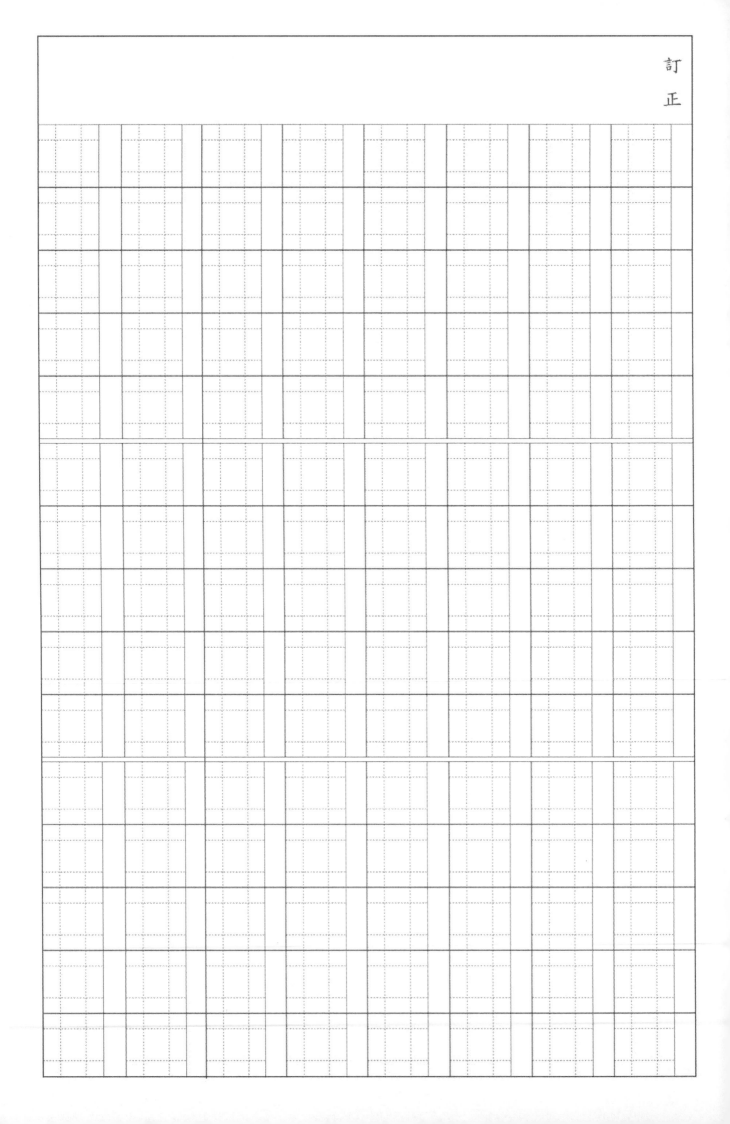

訂正

訂
正

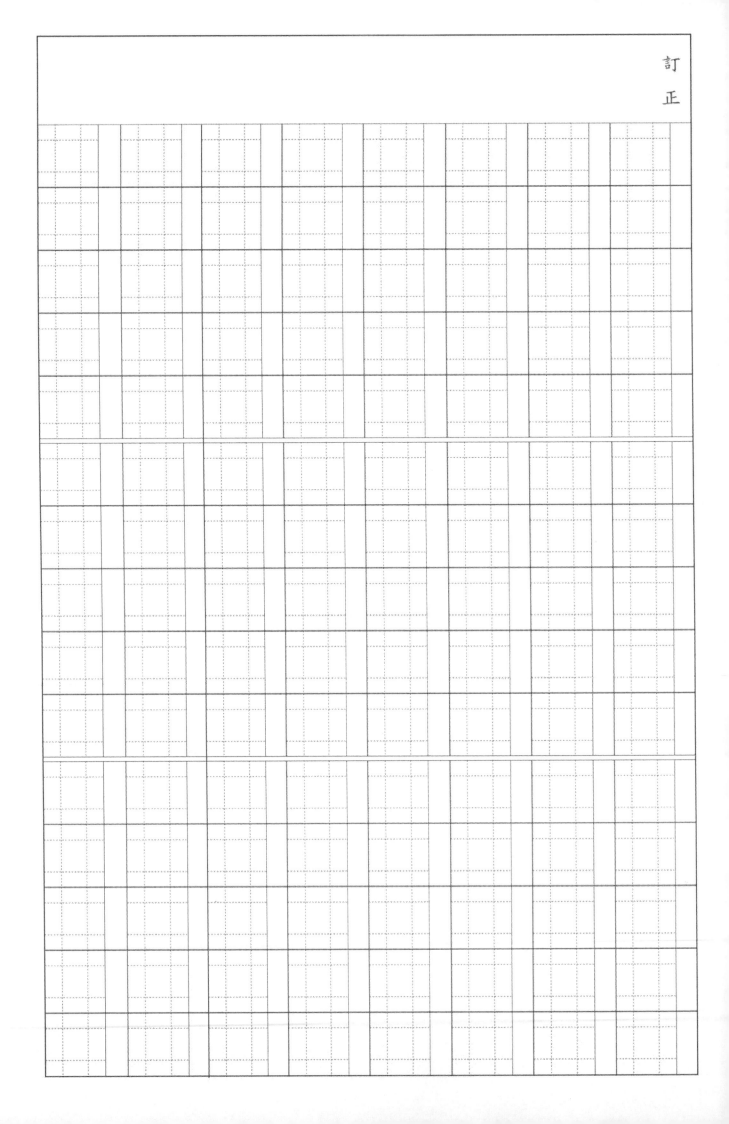

訂正

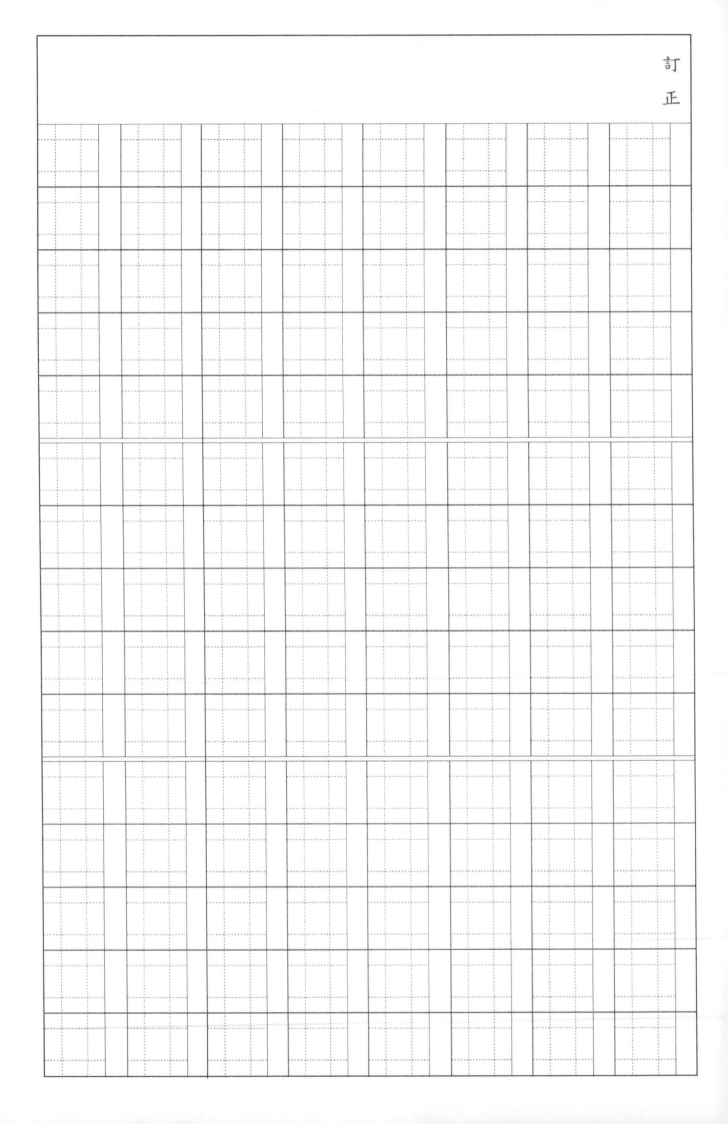

訂正

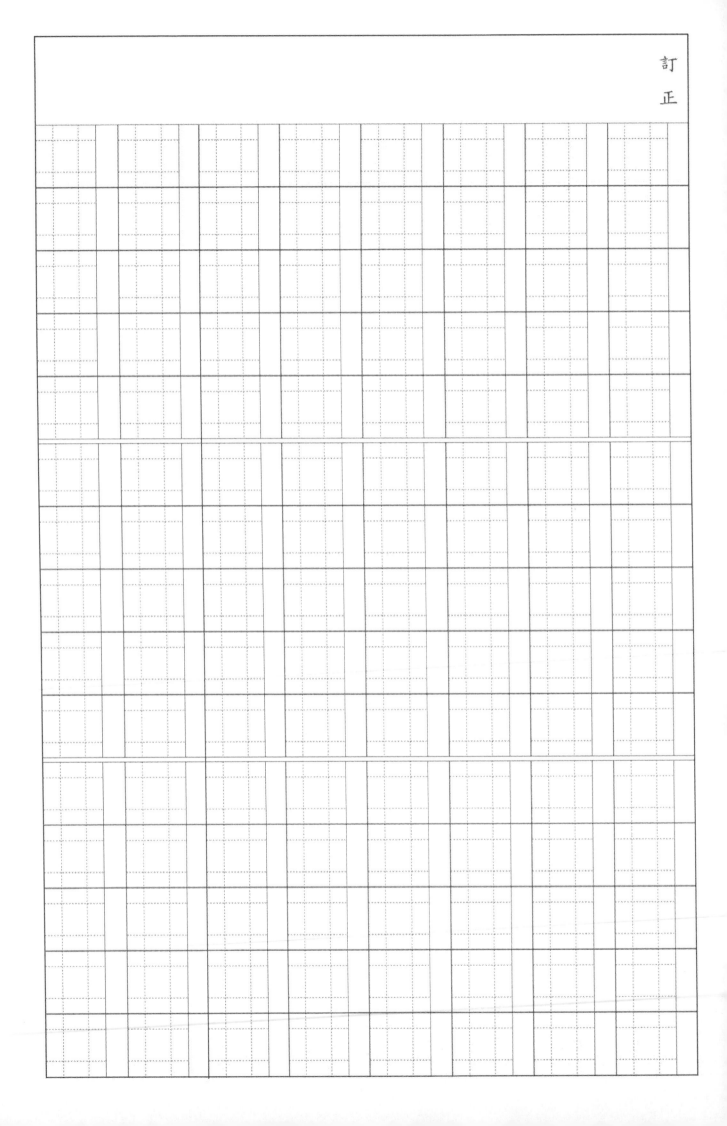

訂正

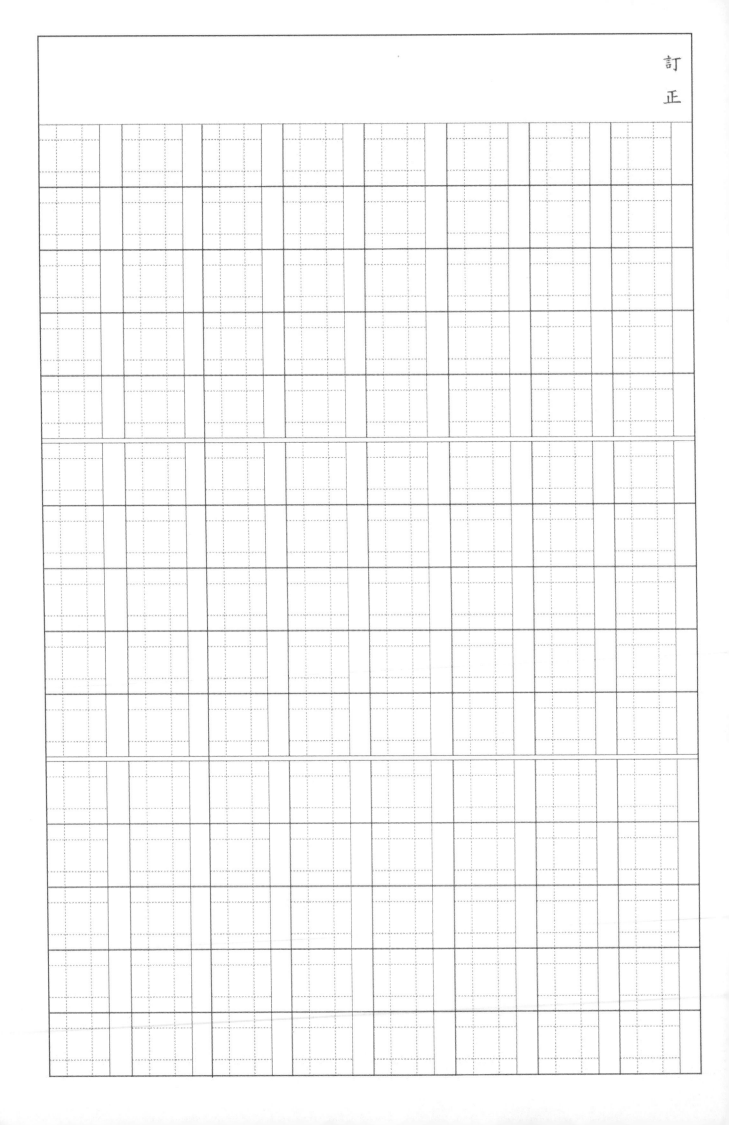

訂正

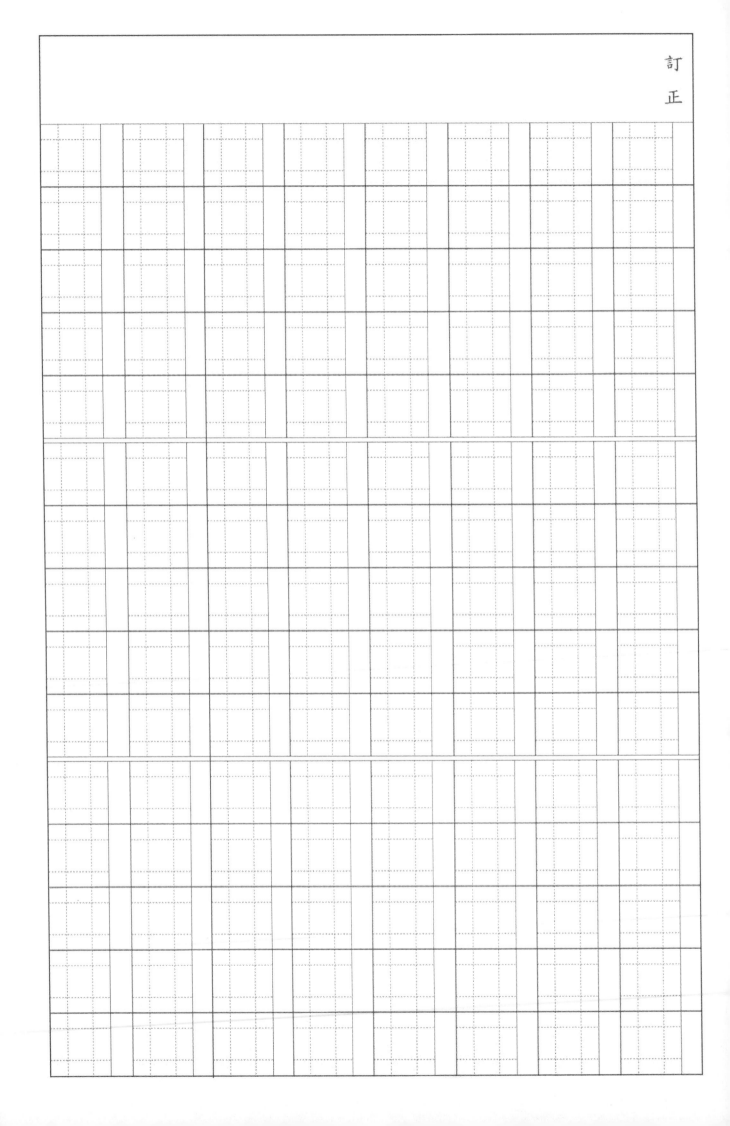

訂正

訂正

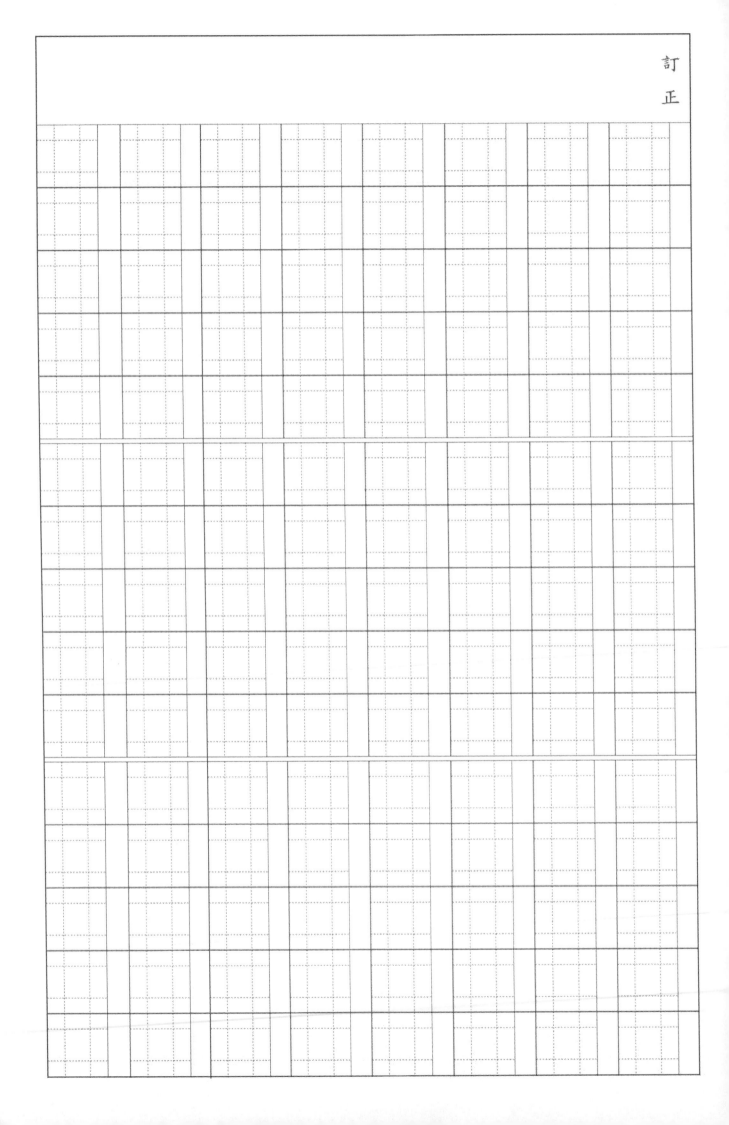

訂正

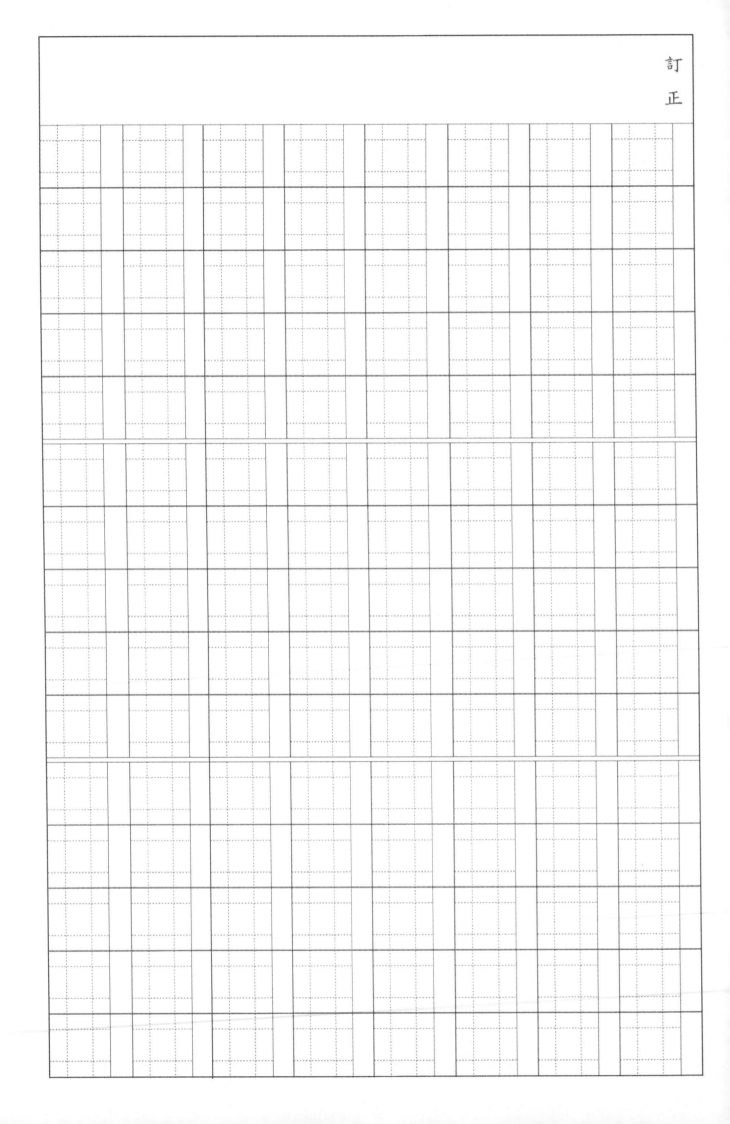

訂正

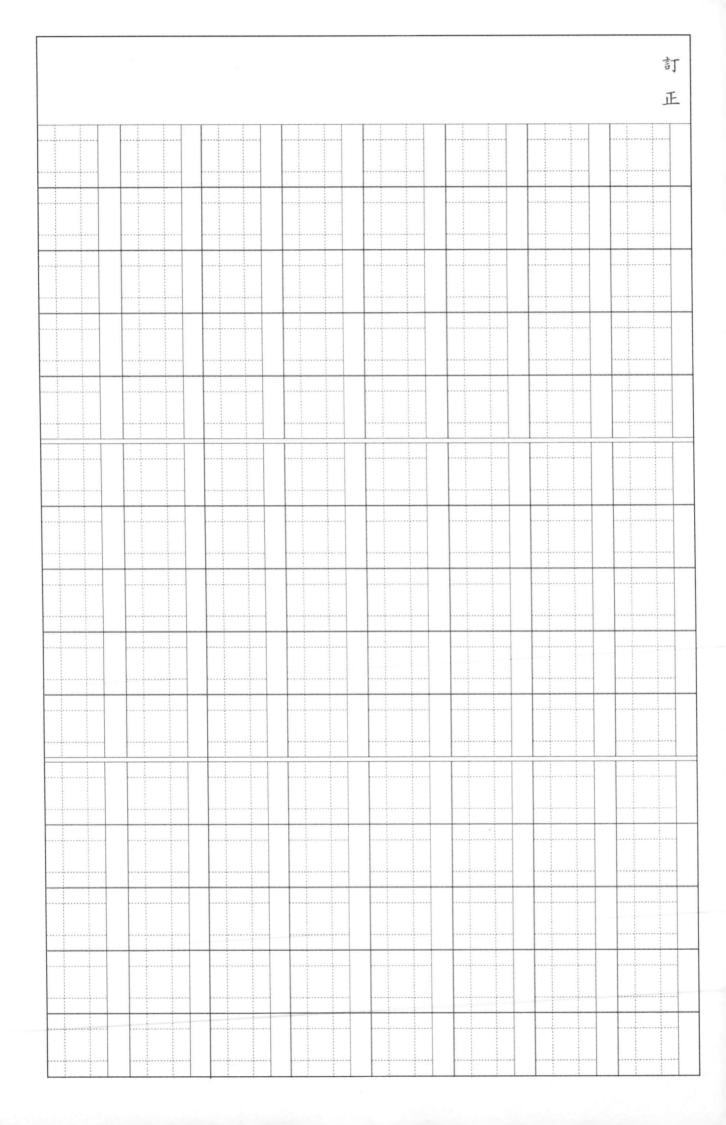

訂正

訂

正

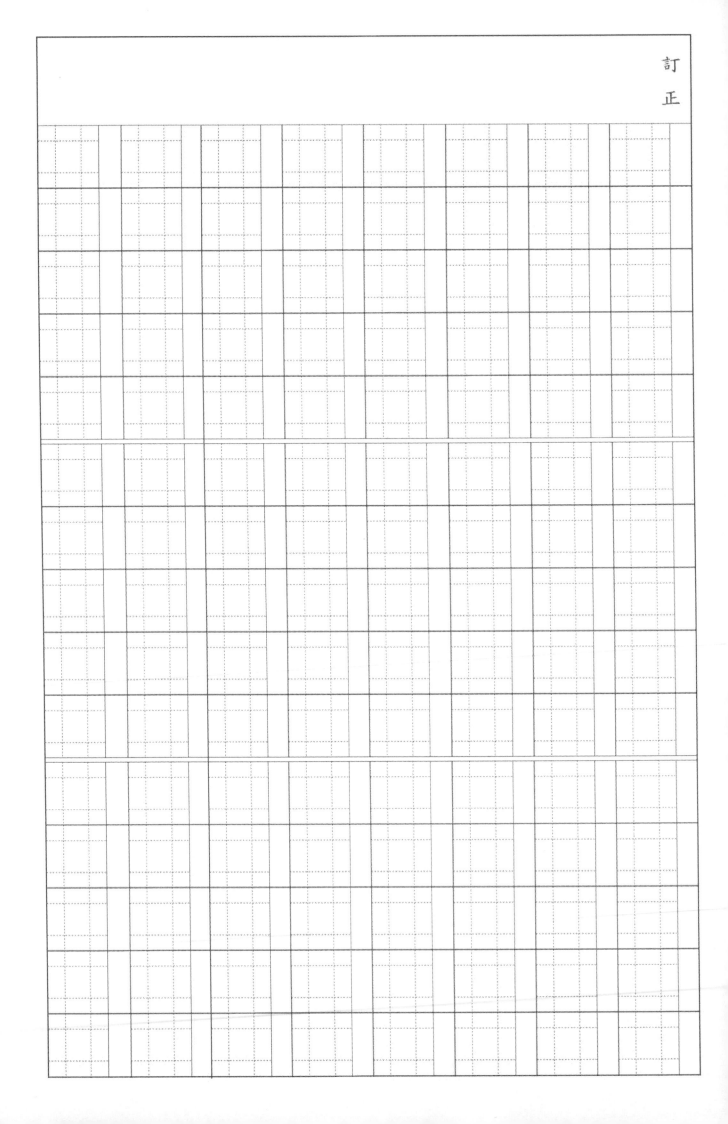

訂正

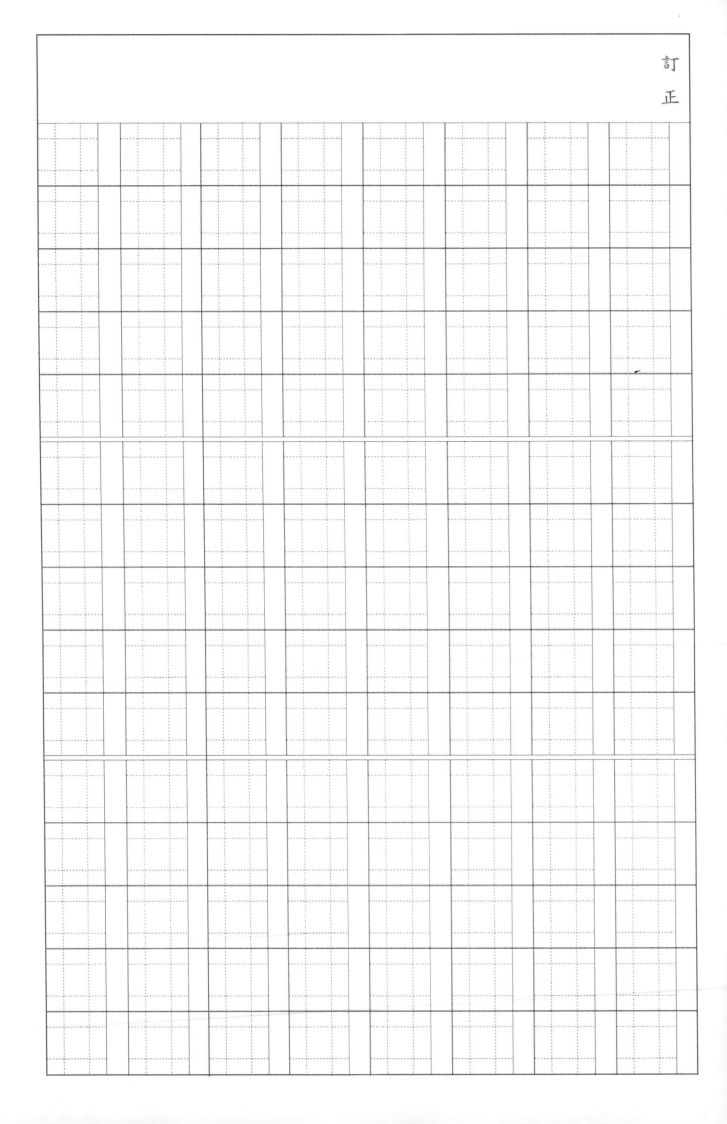

訂正

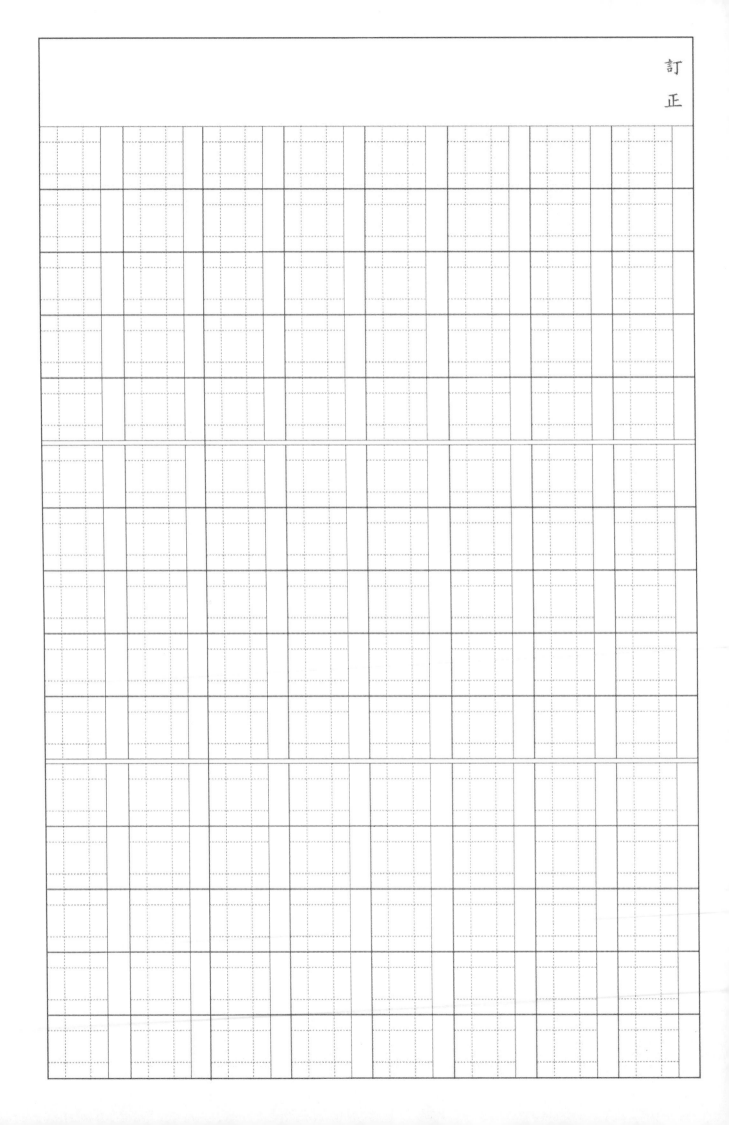

訂正

訂正

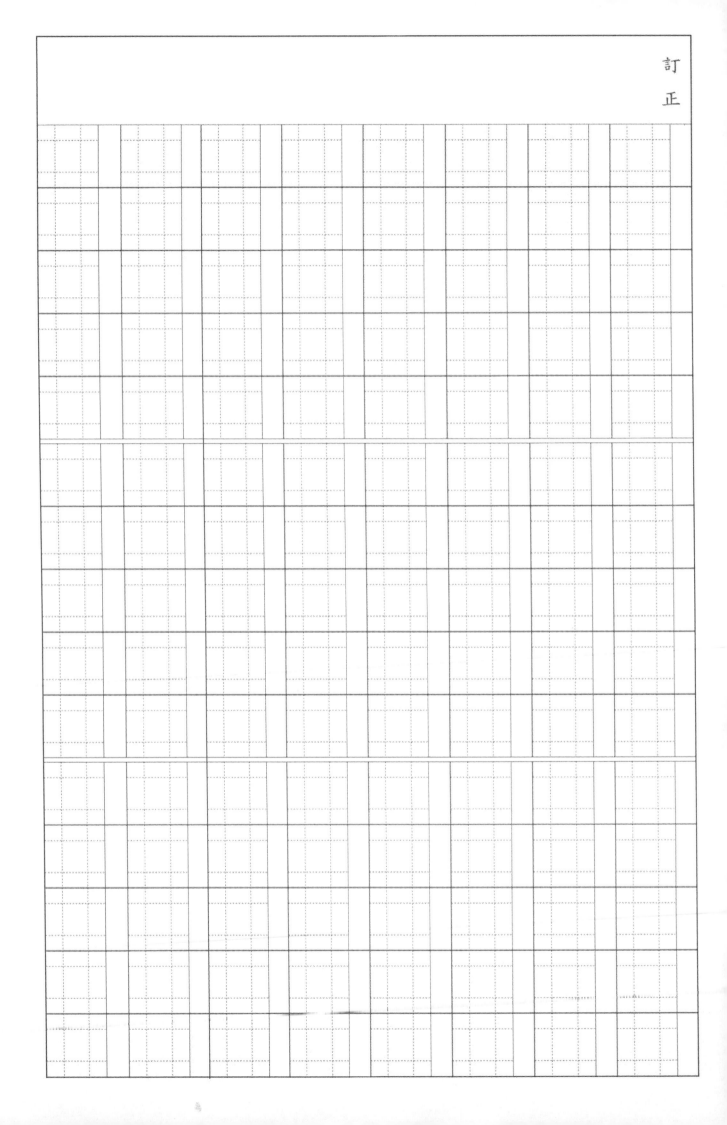

訂正

Printed in Great Britain
by Amazon